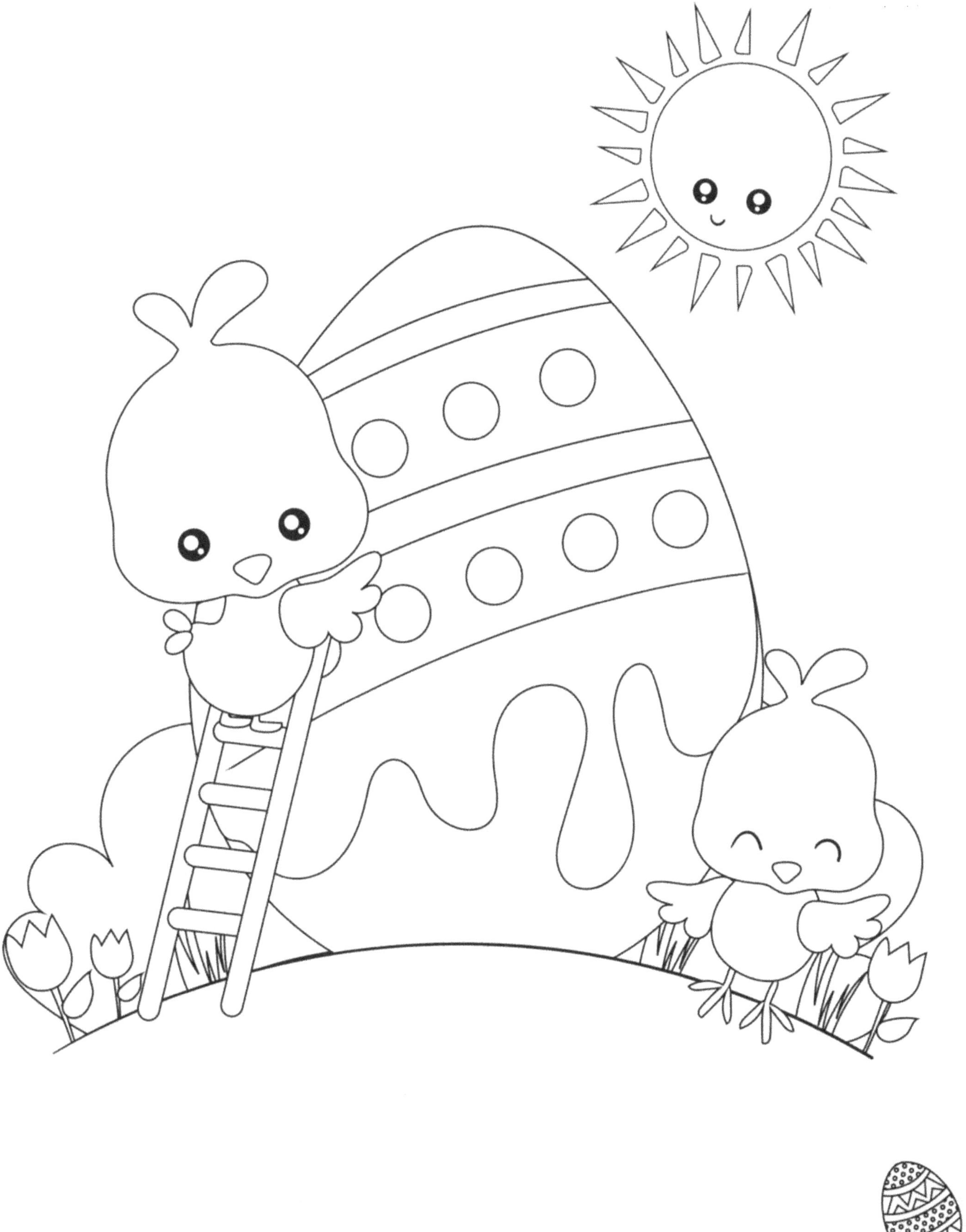

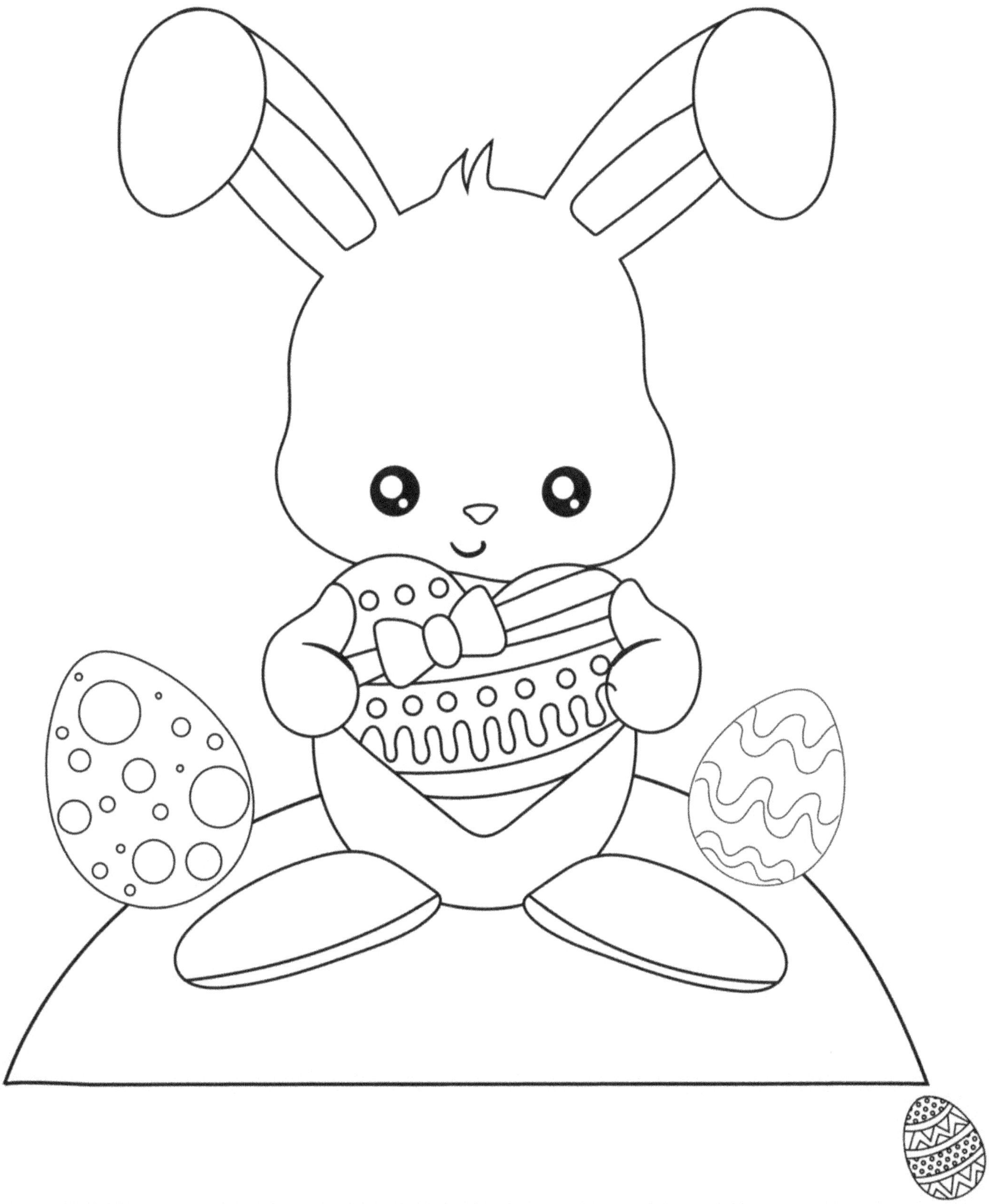

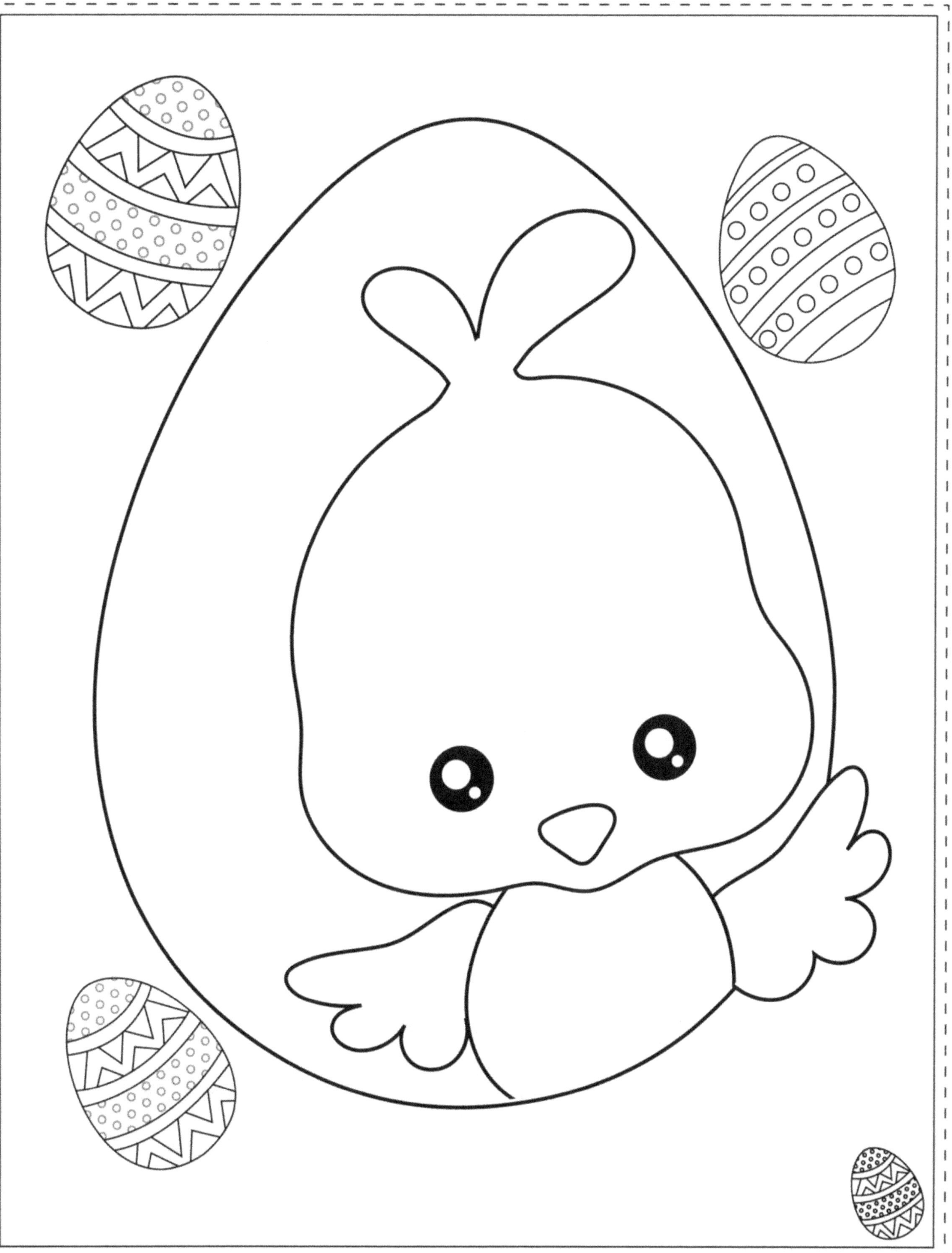

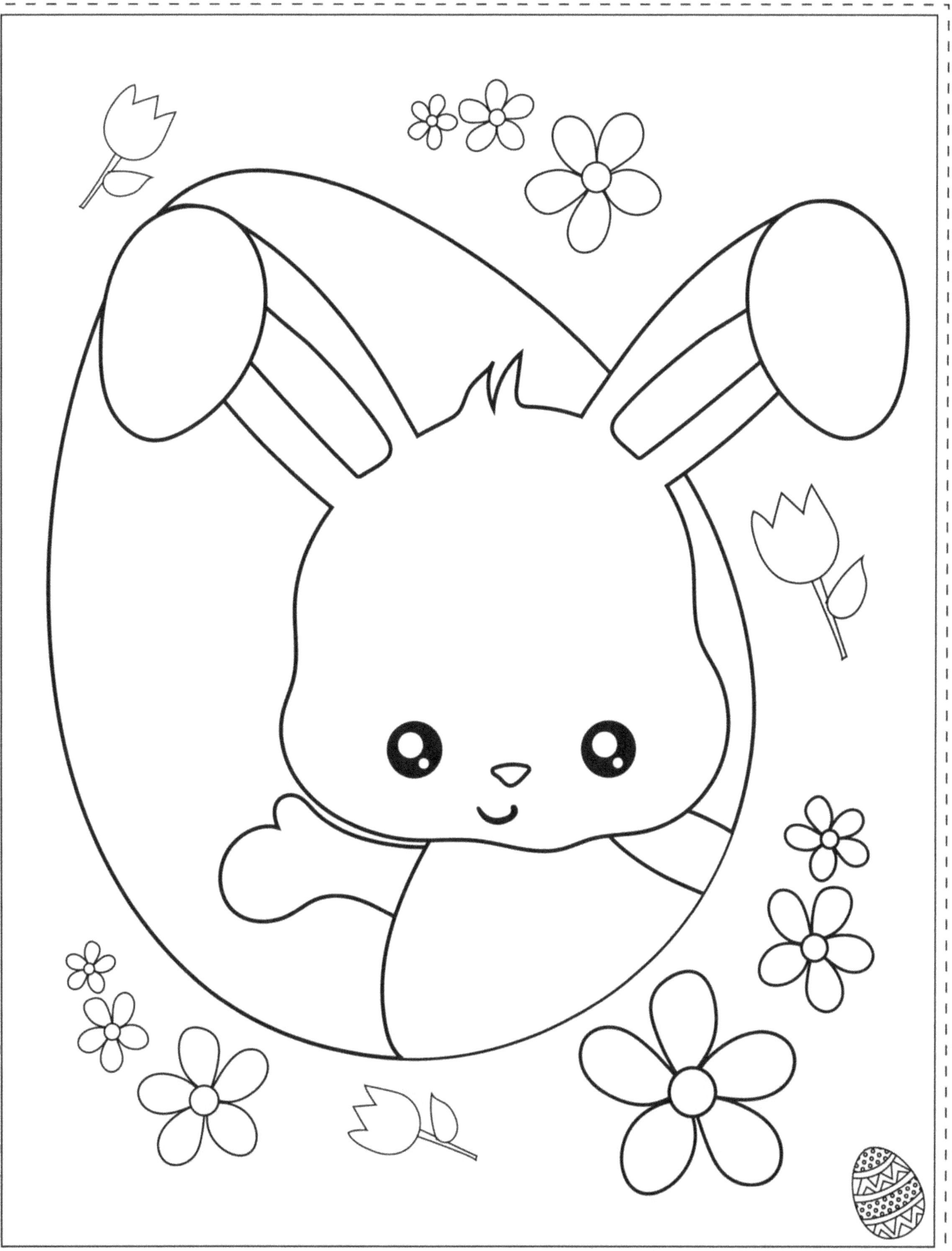

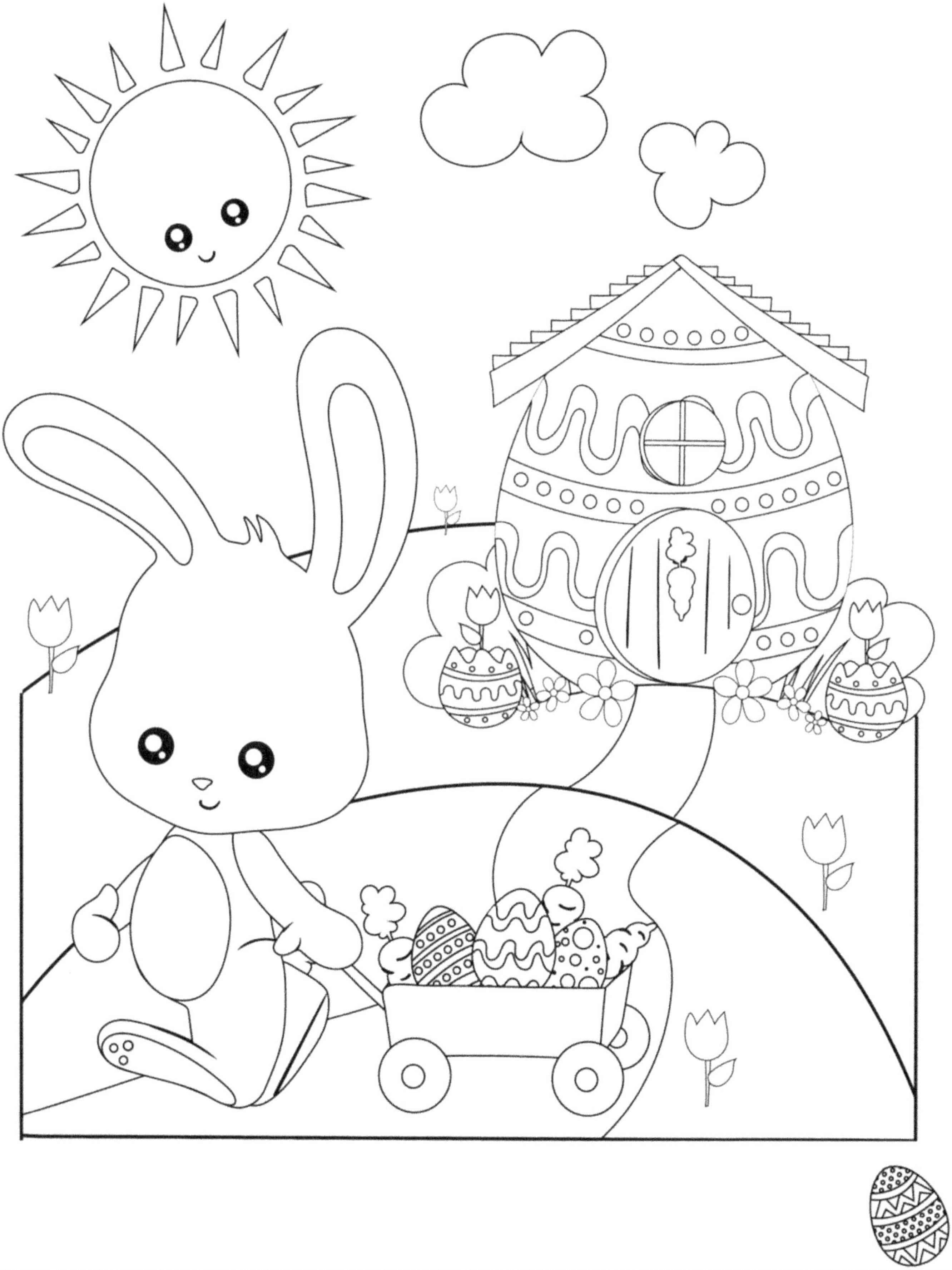

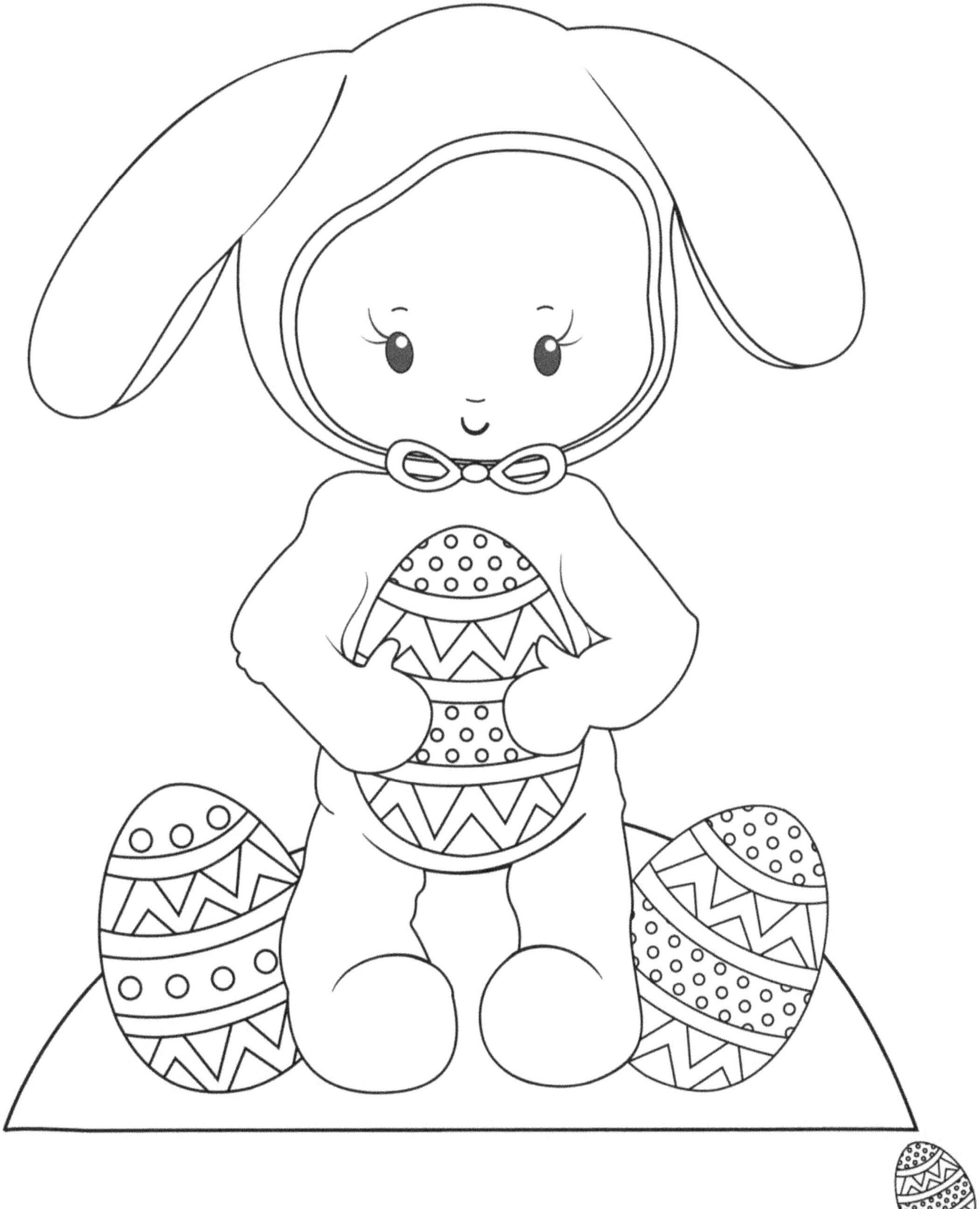

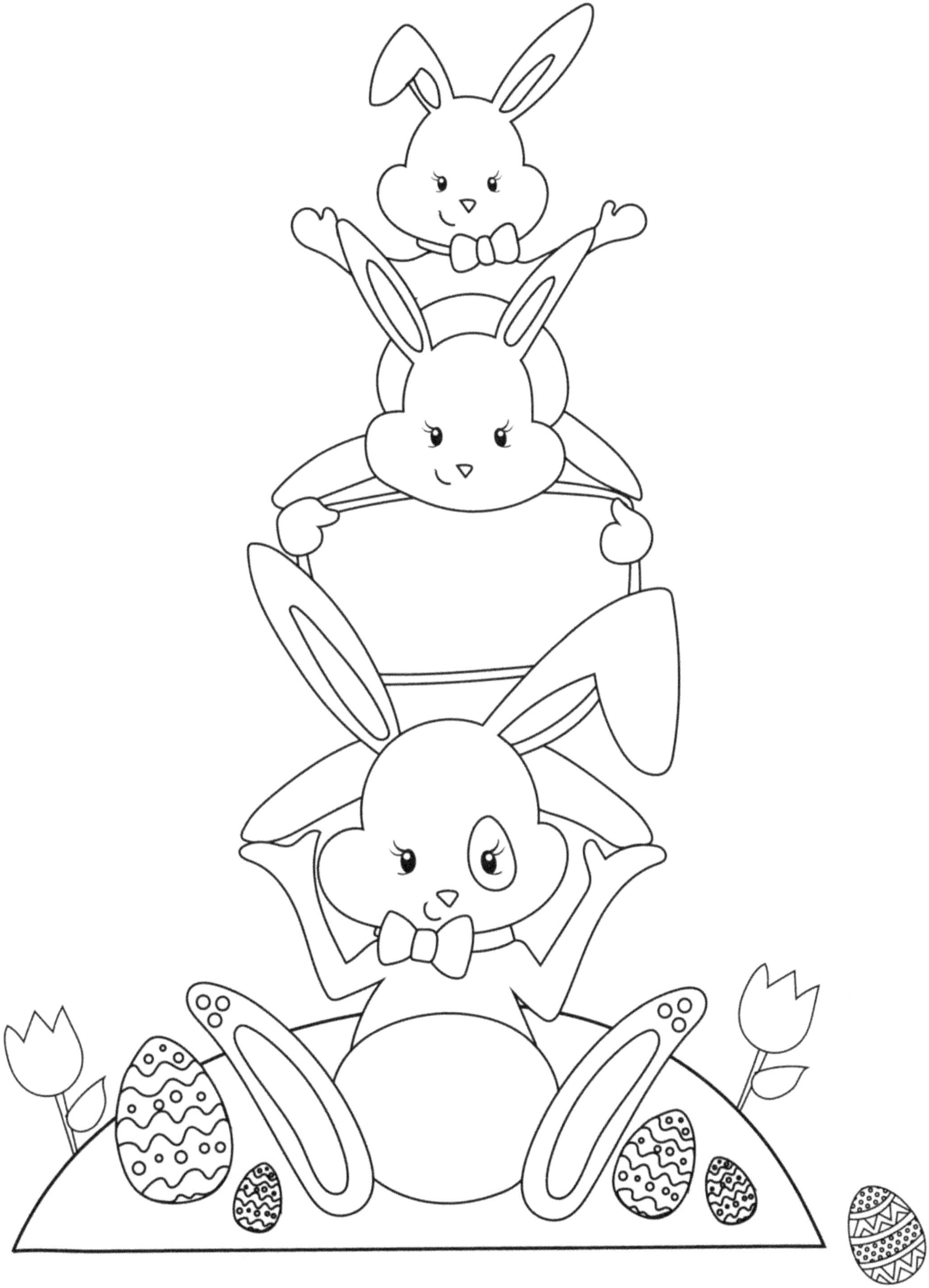

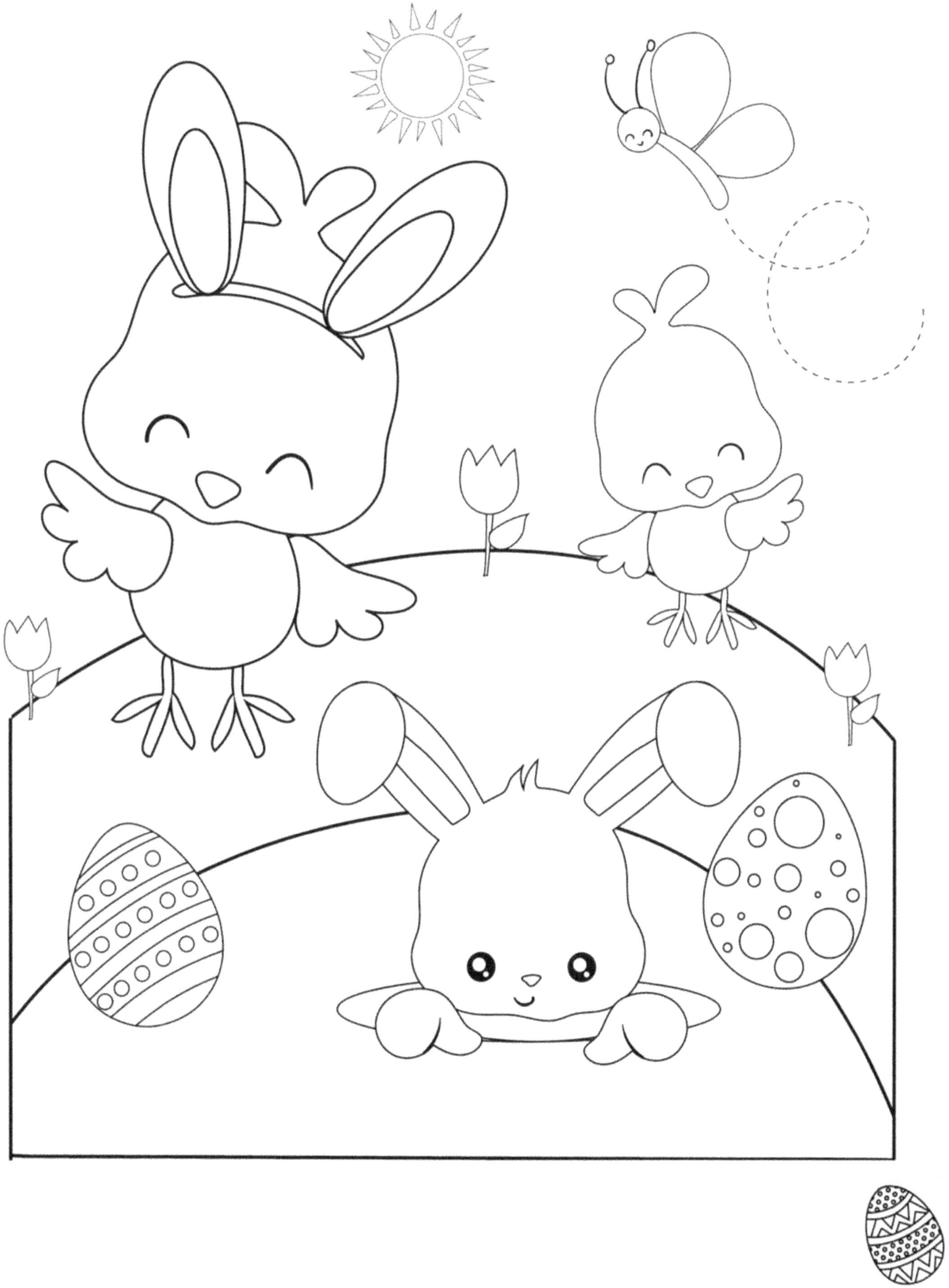

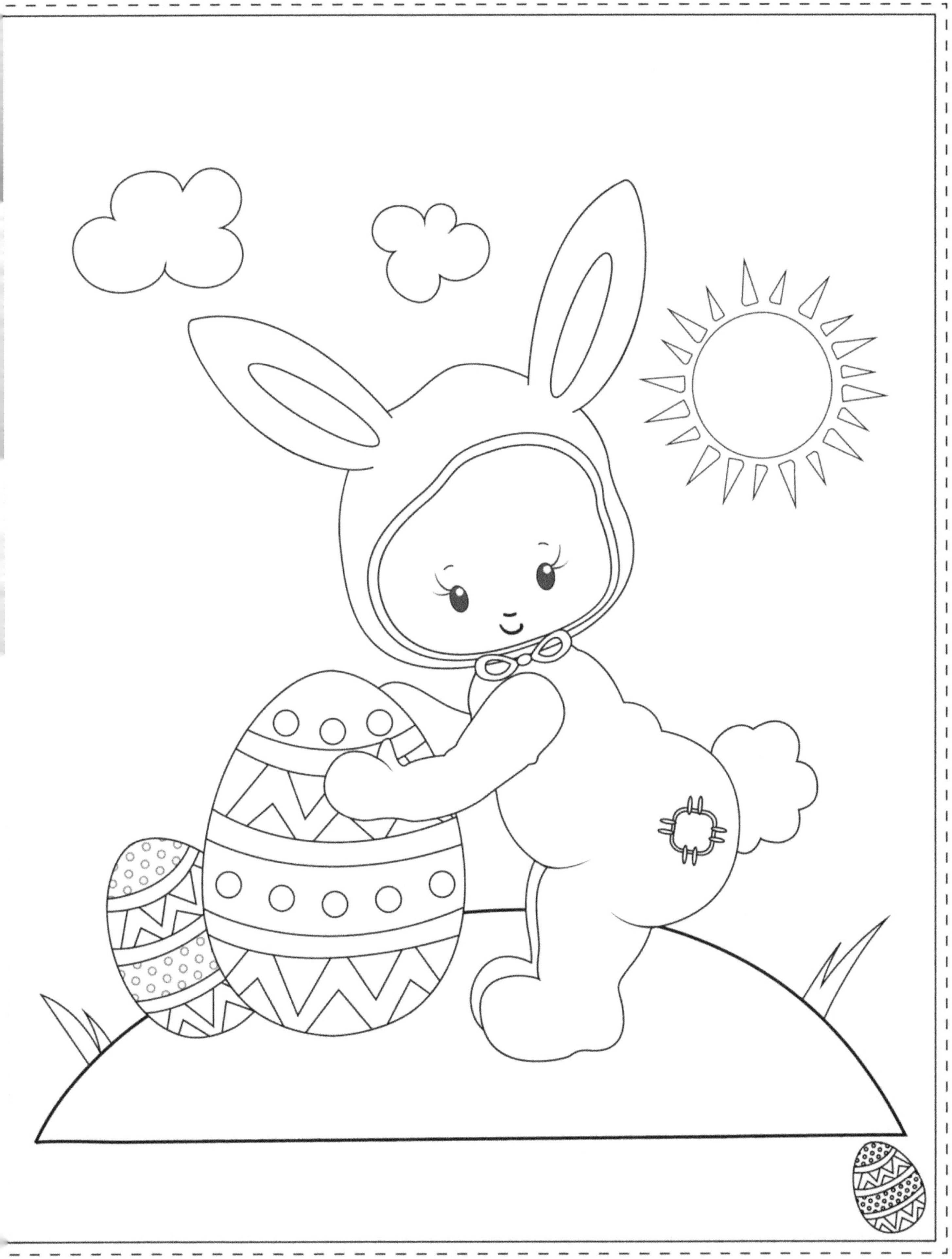

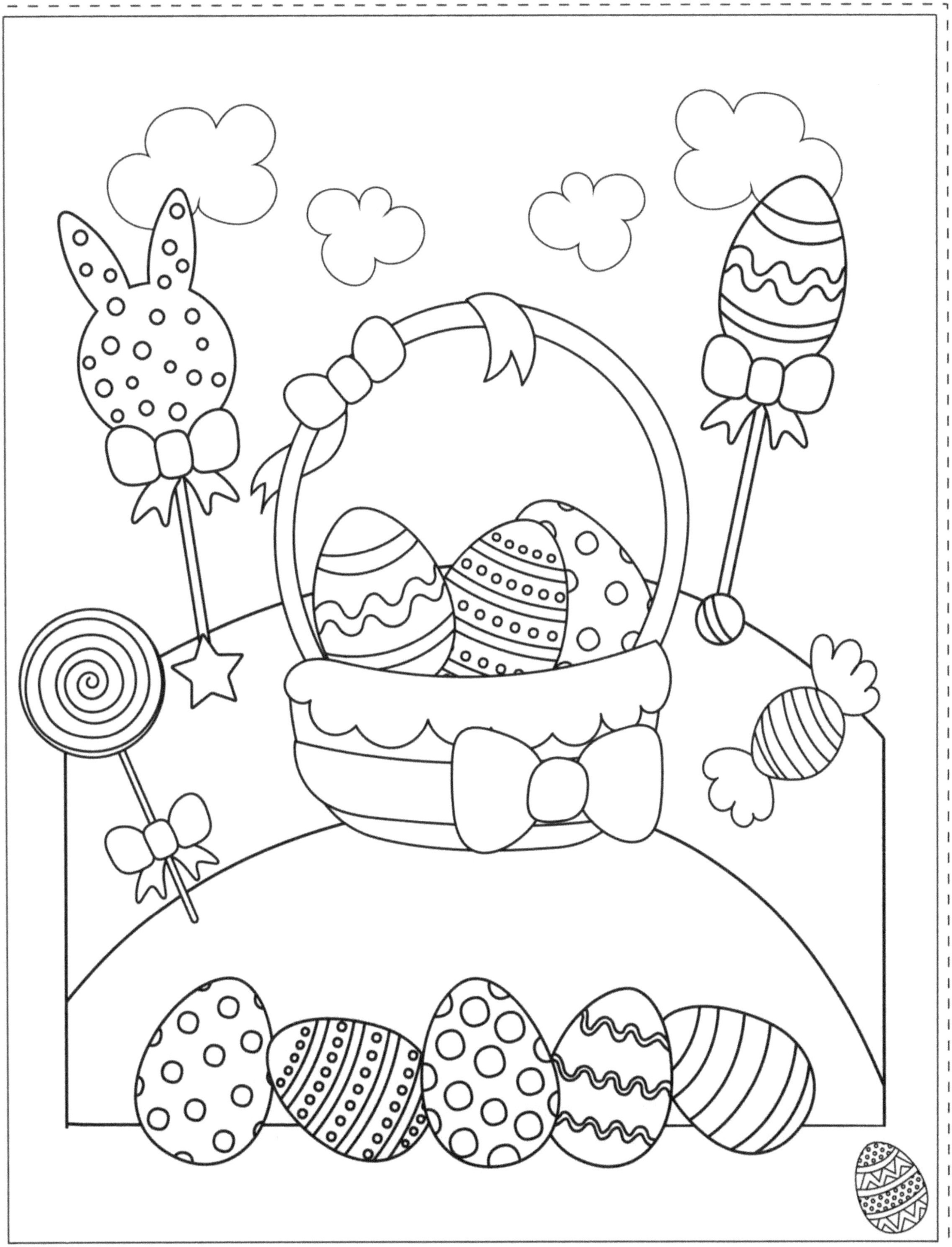

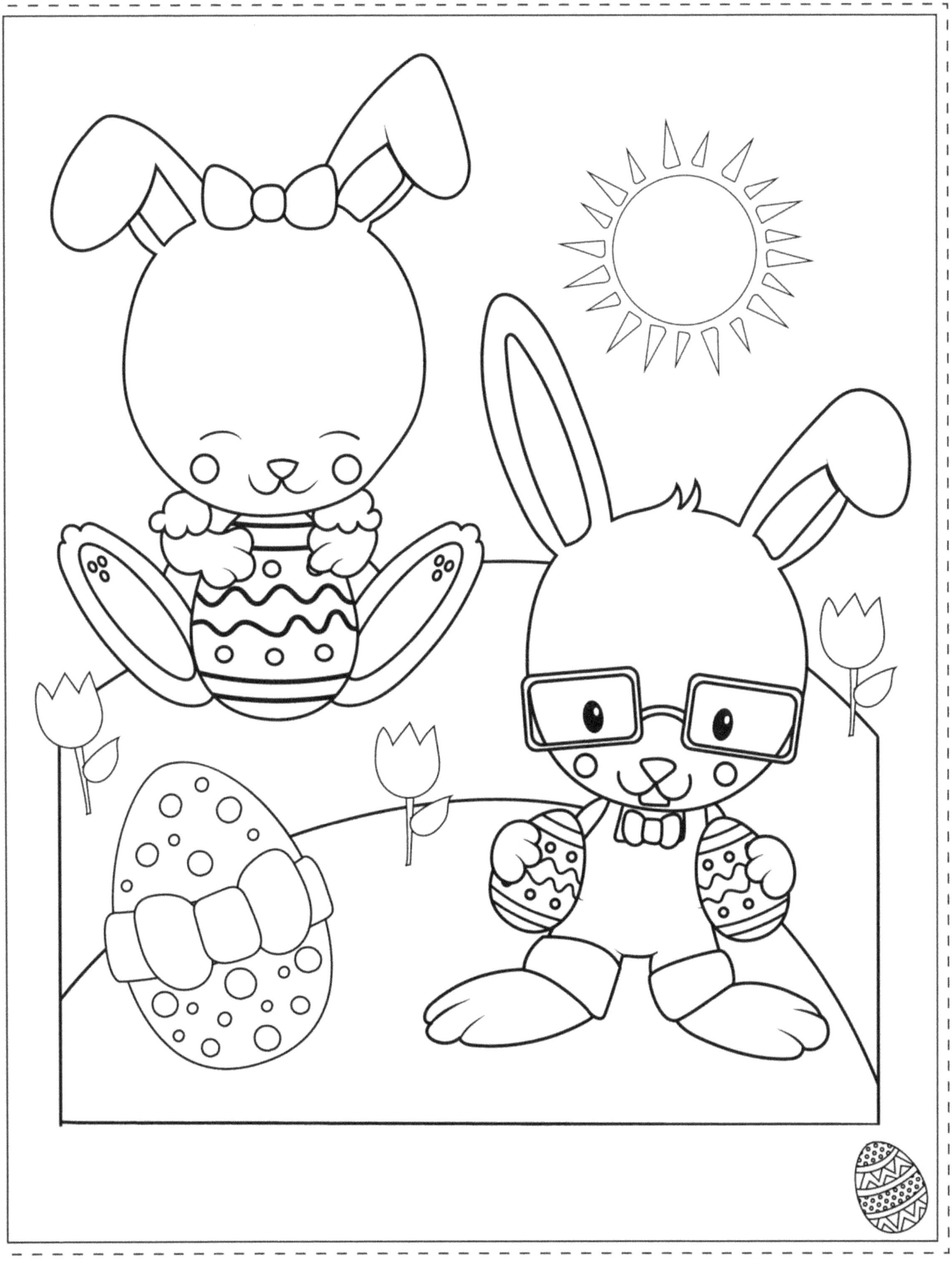

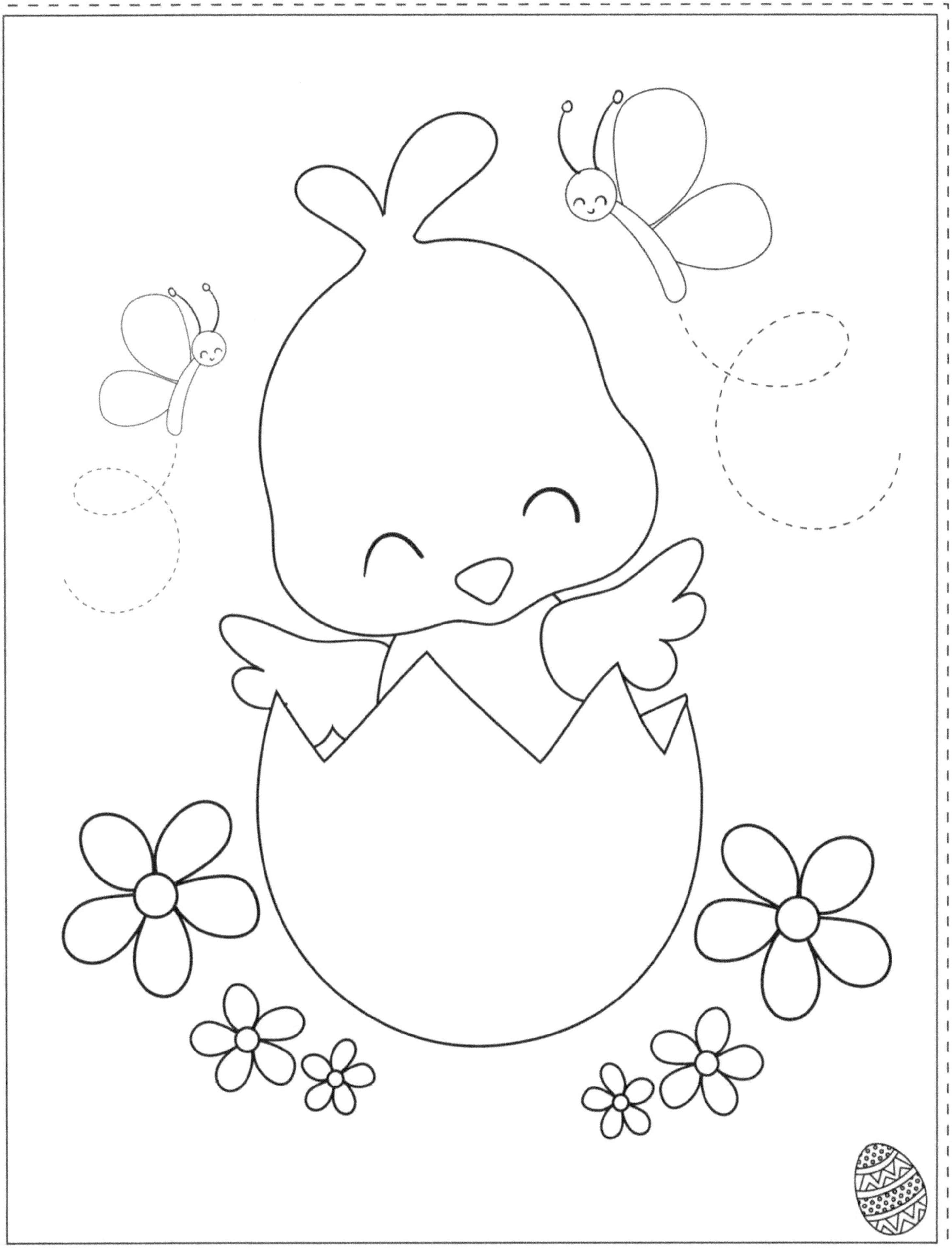

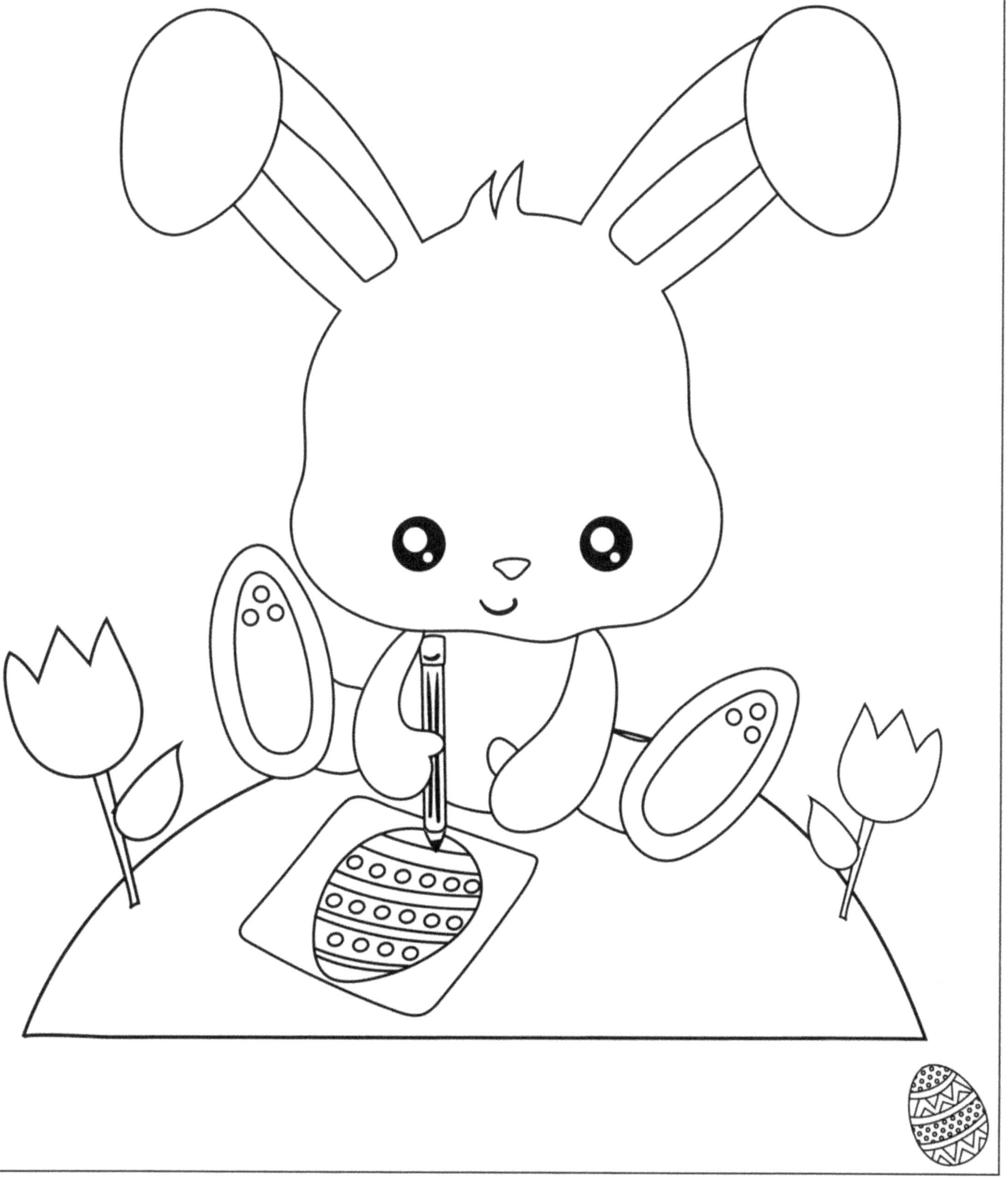

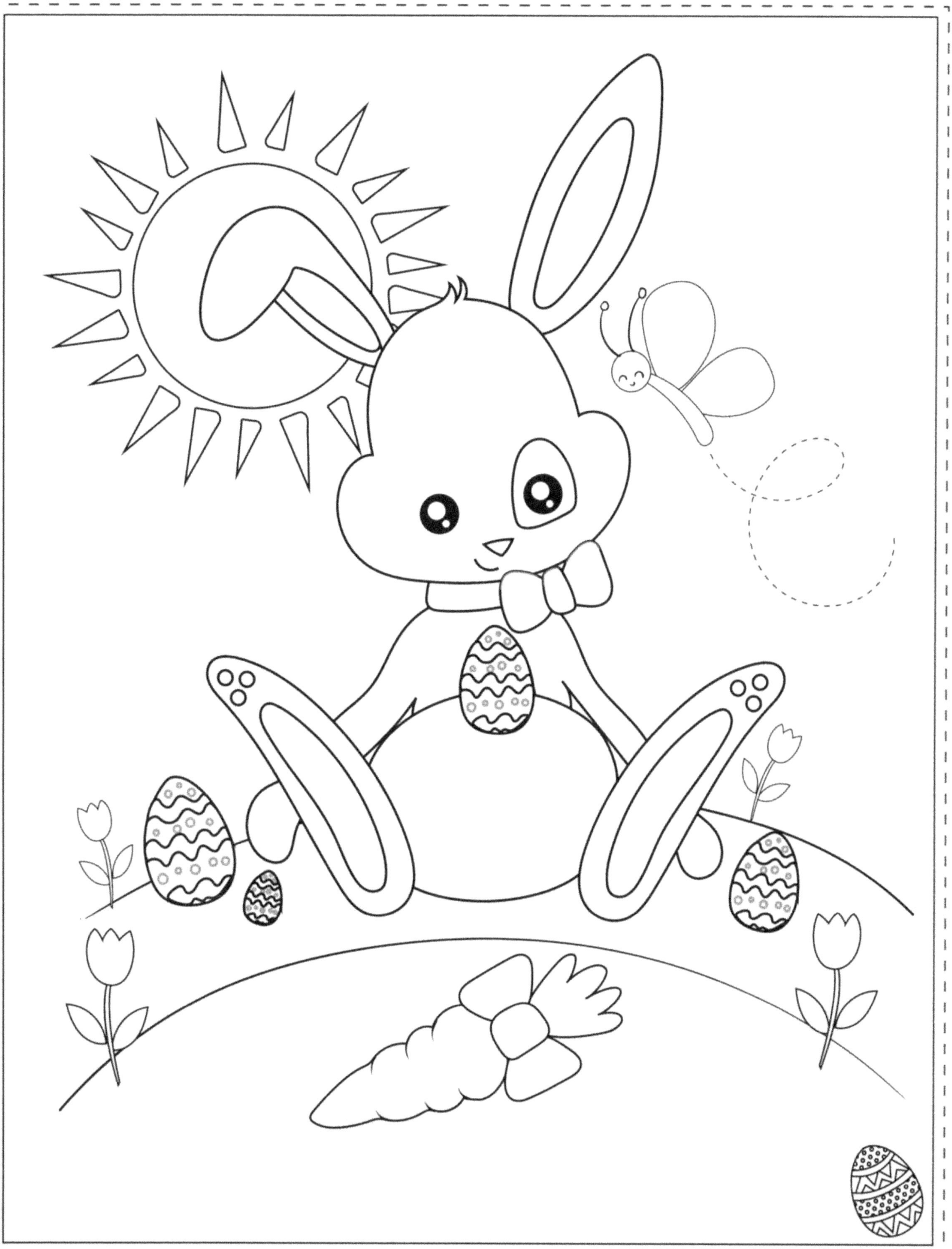

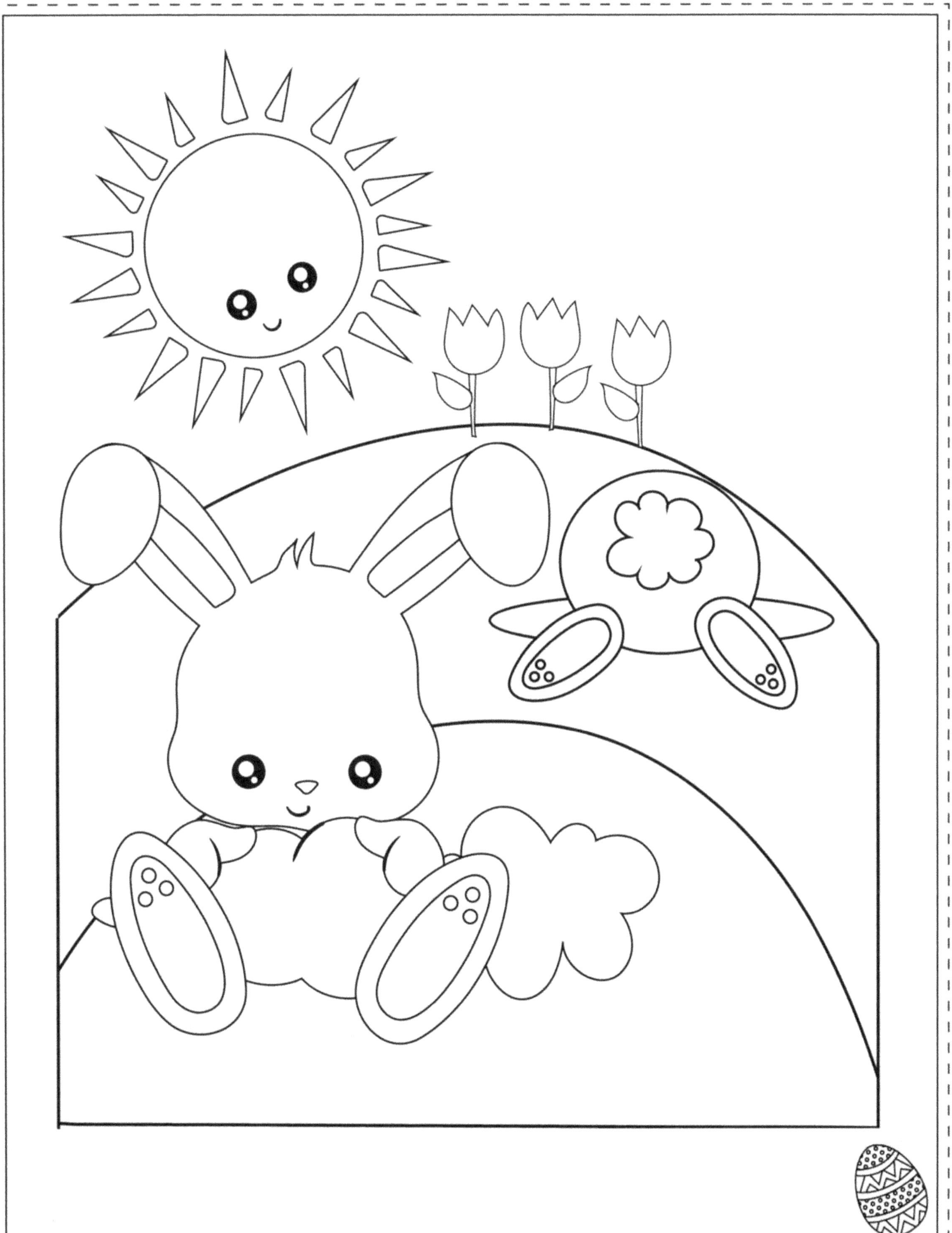

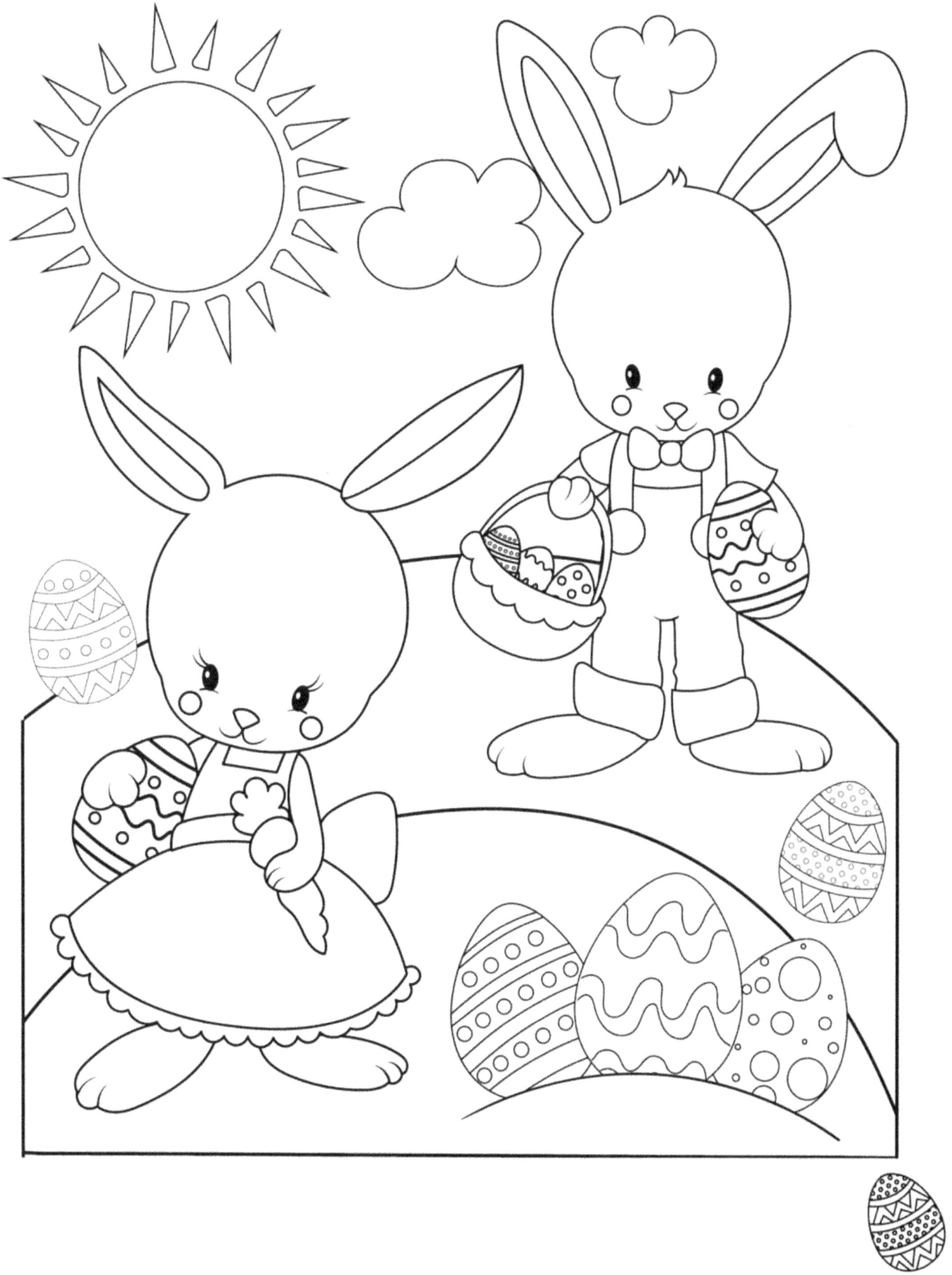

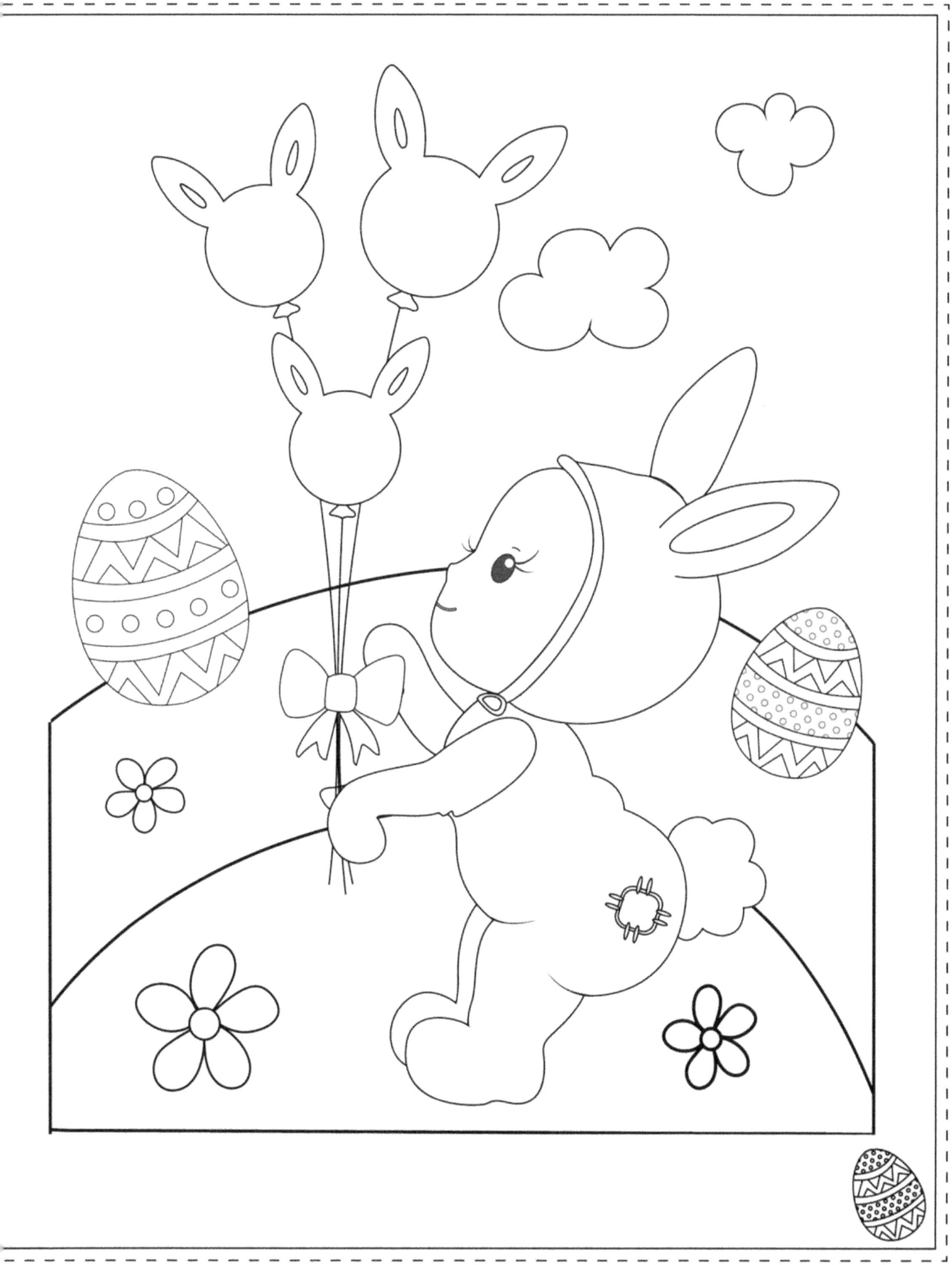

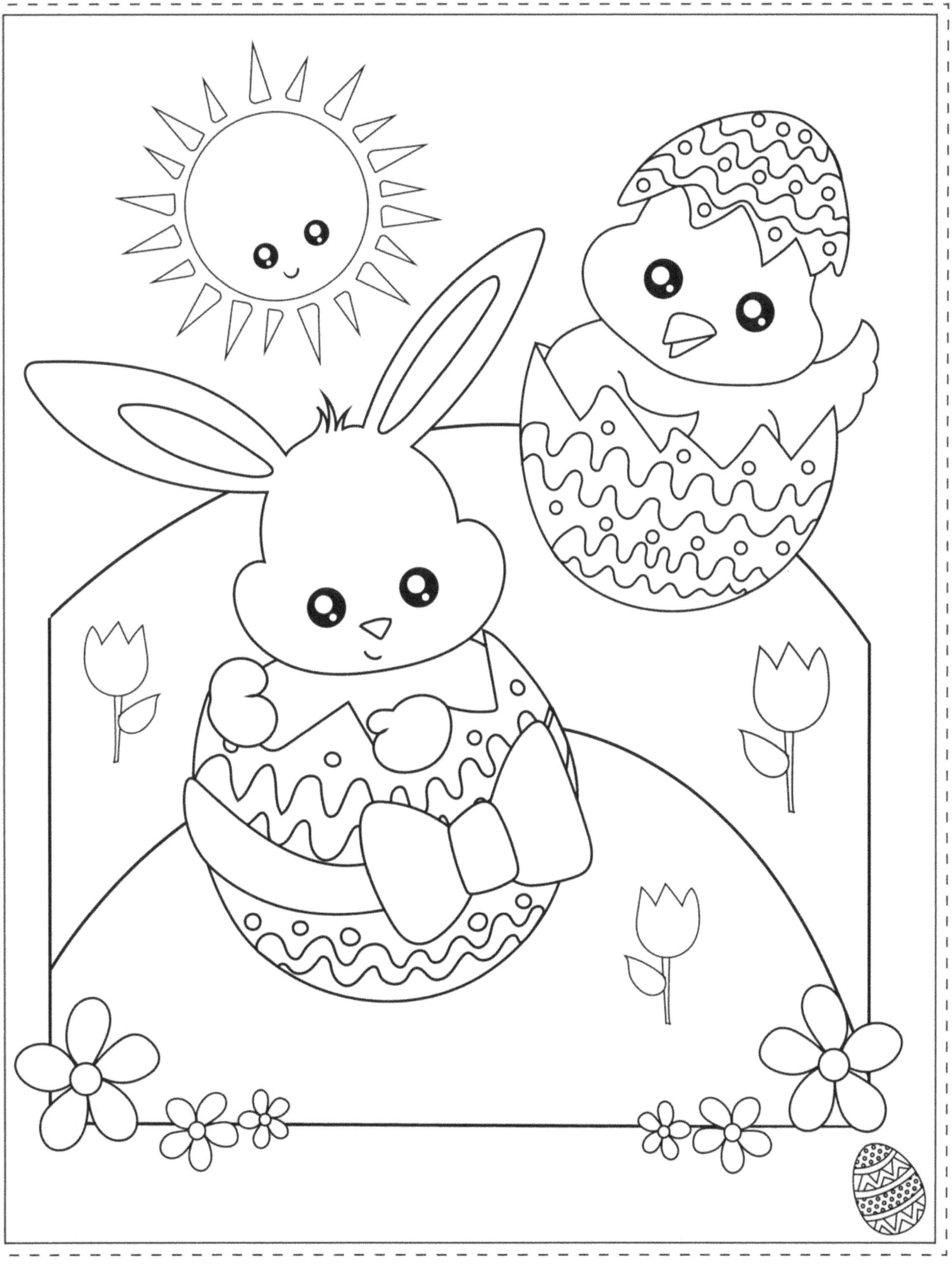

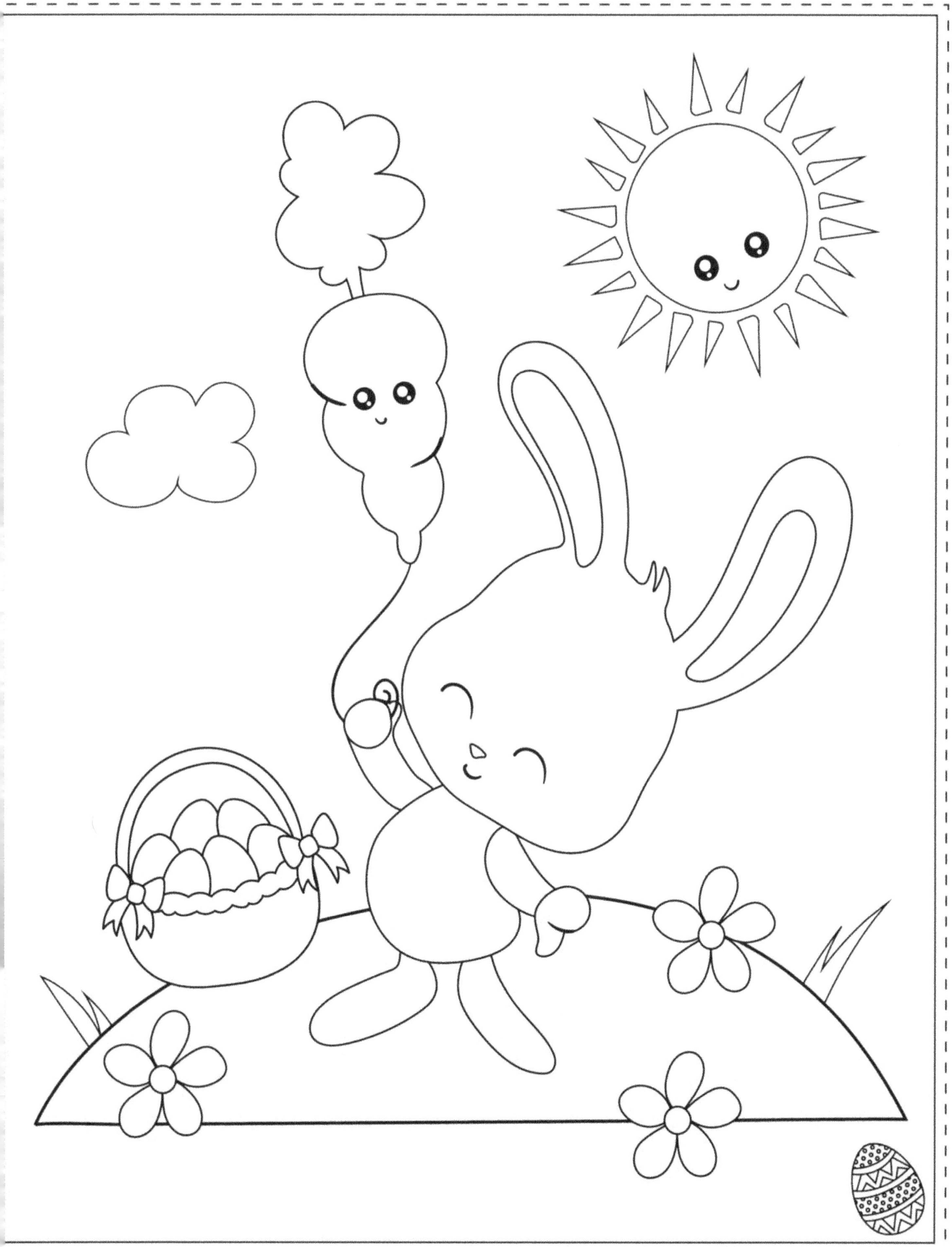

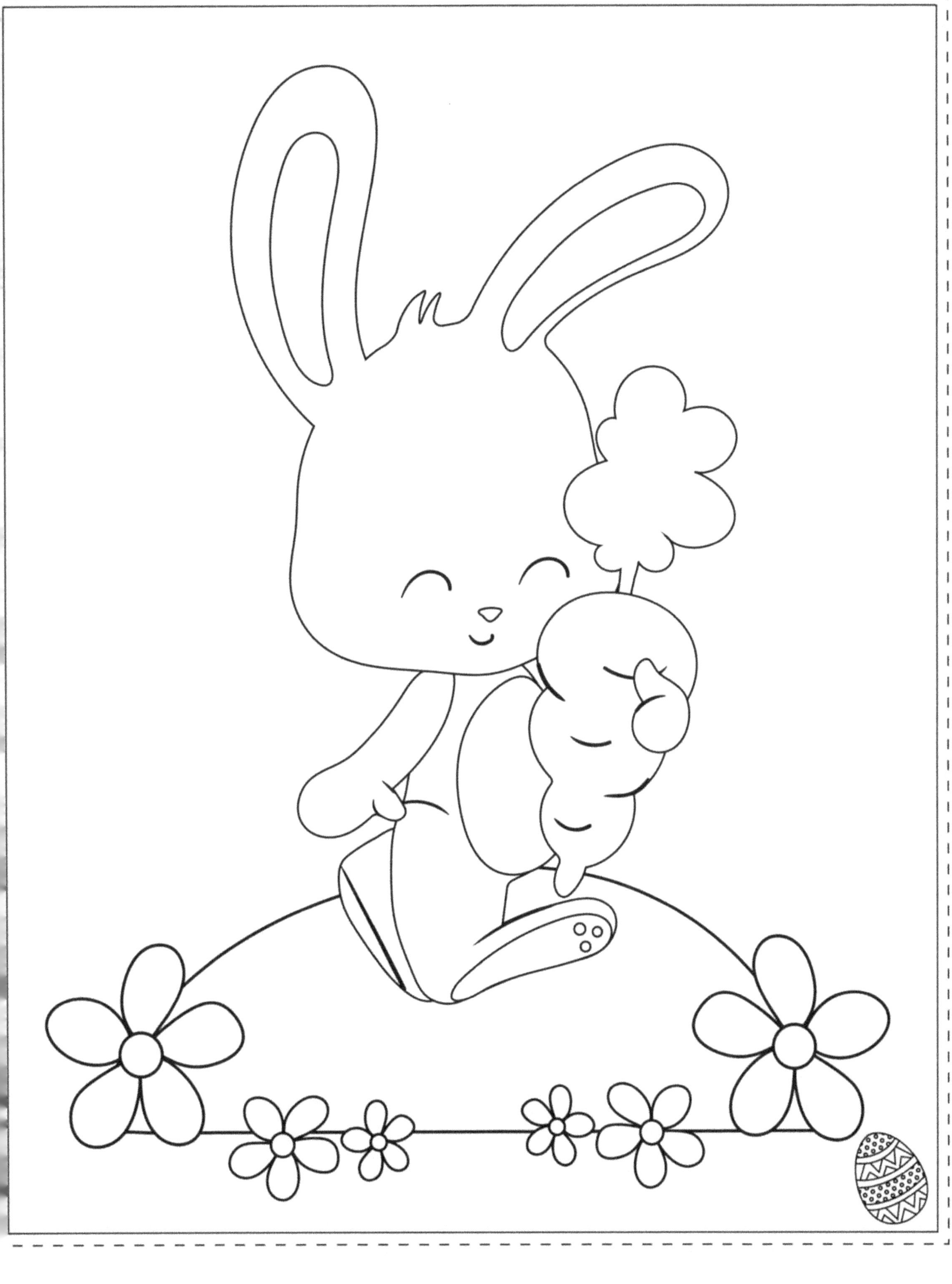

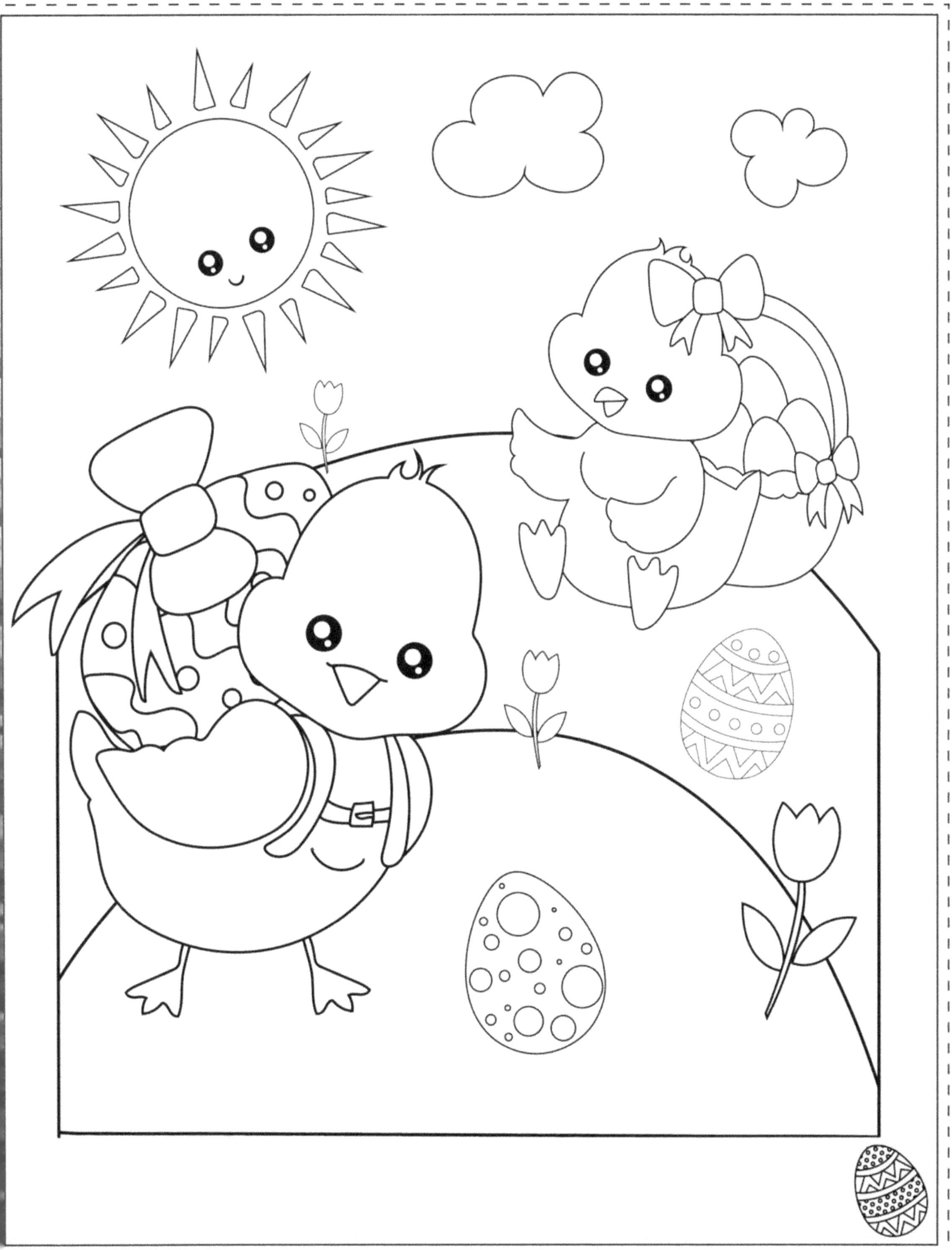

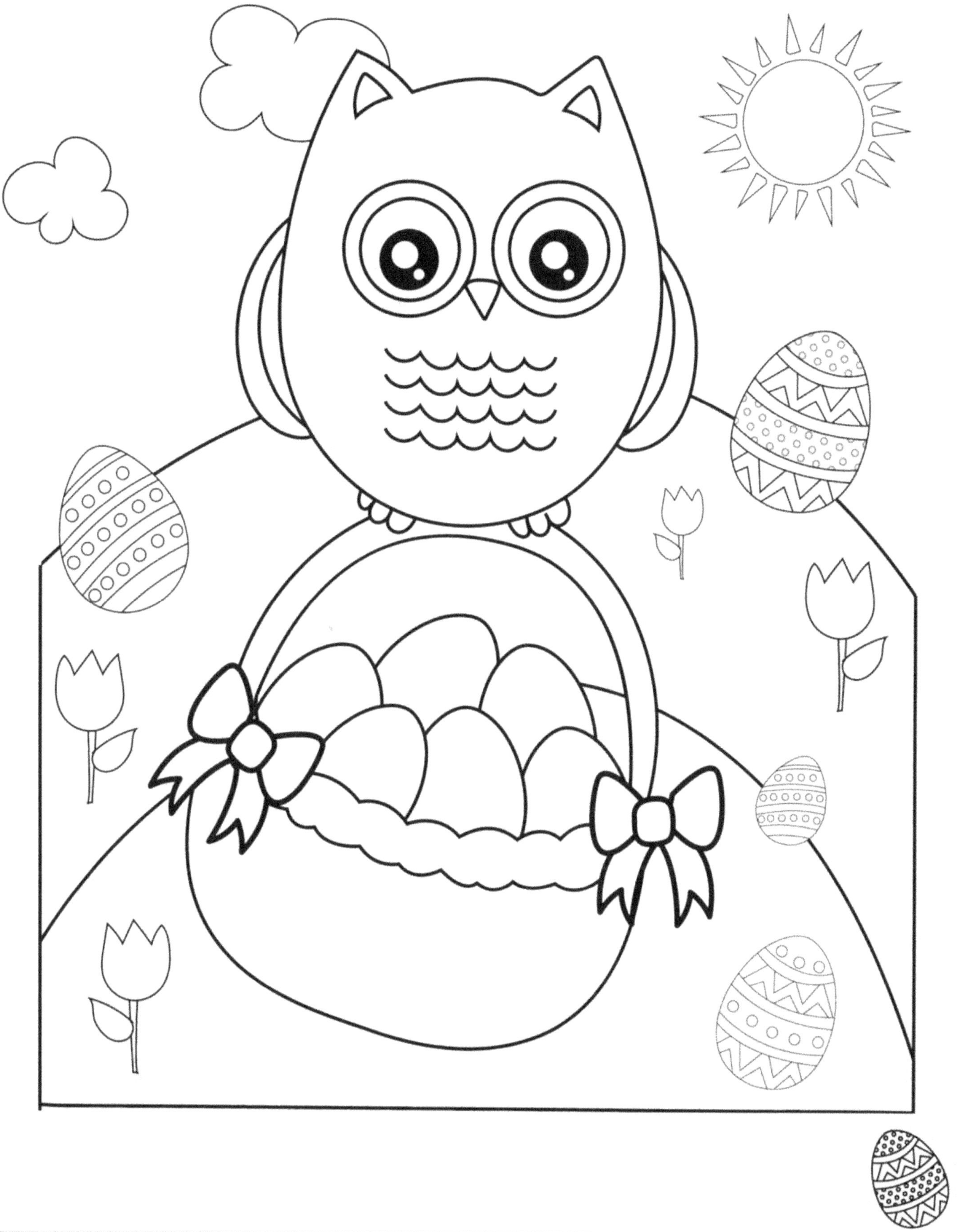

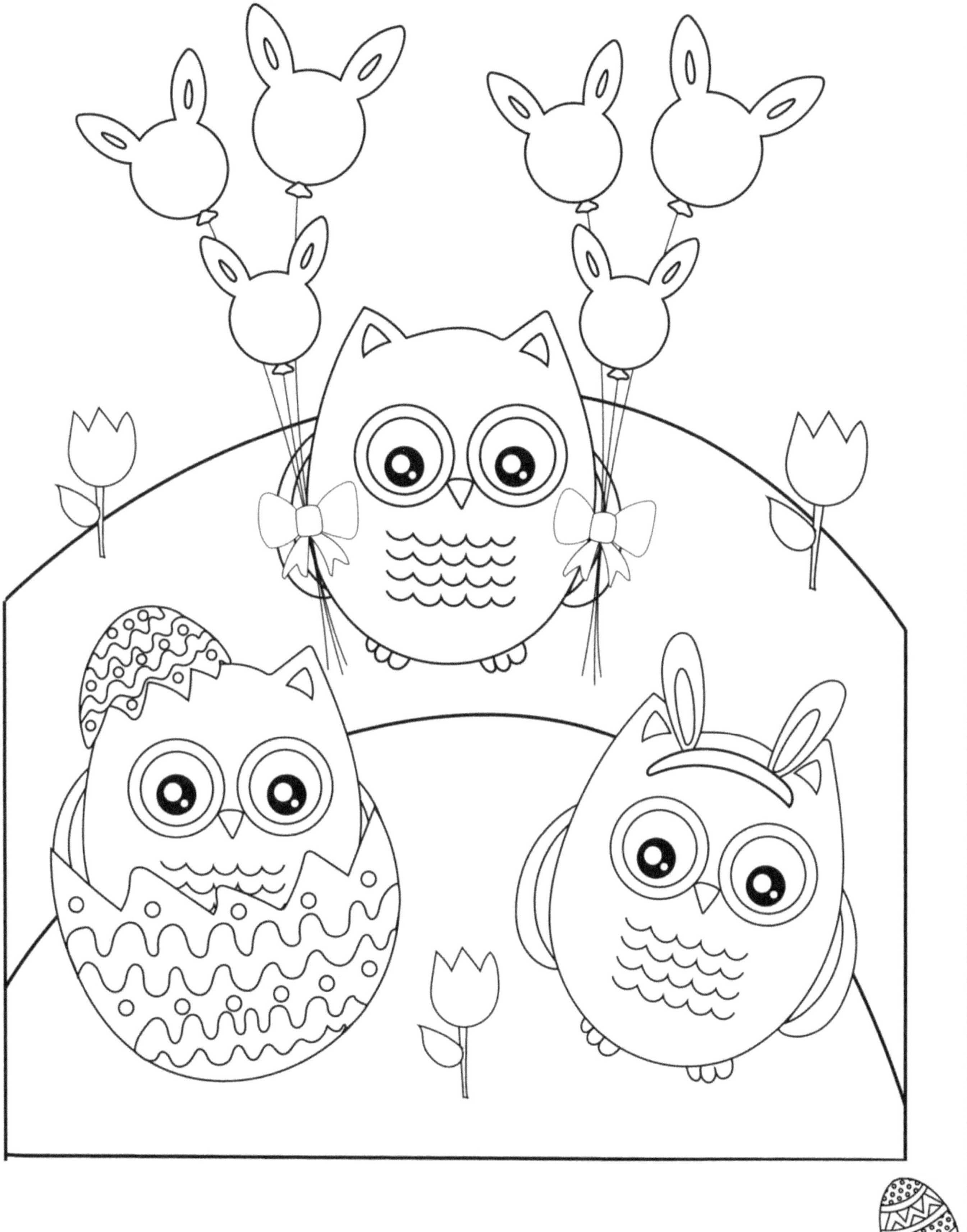

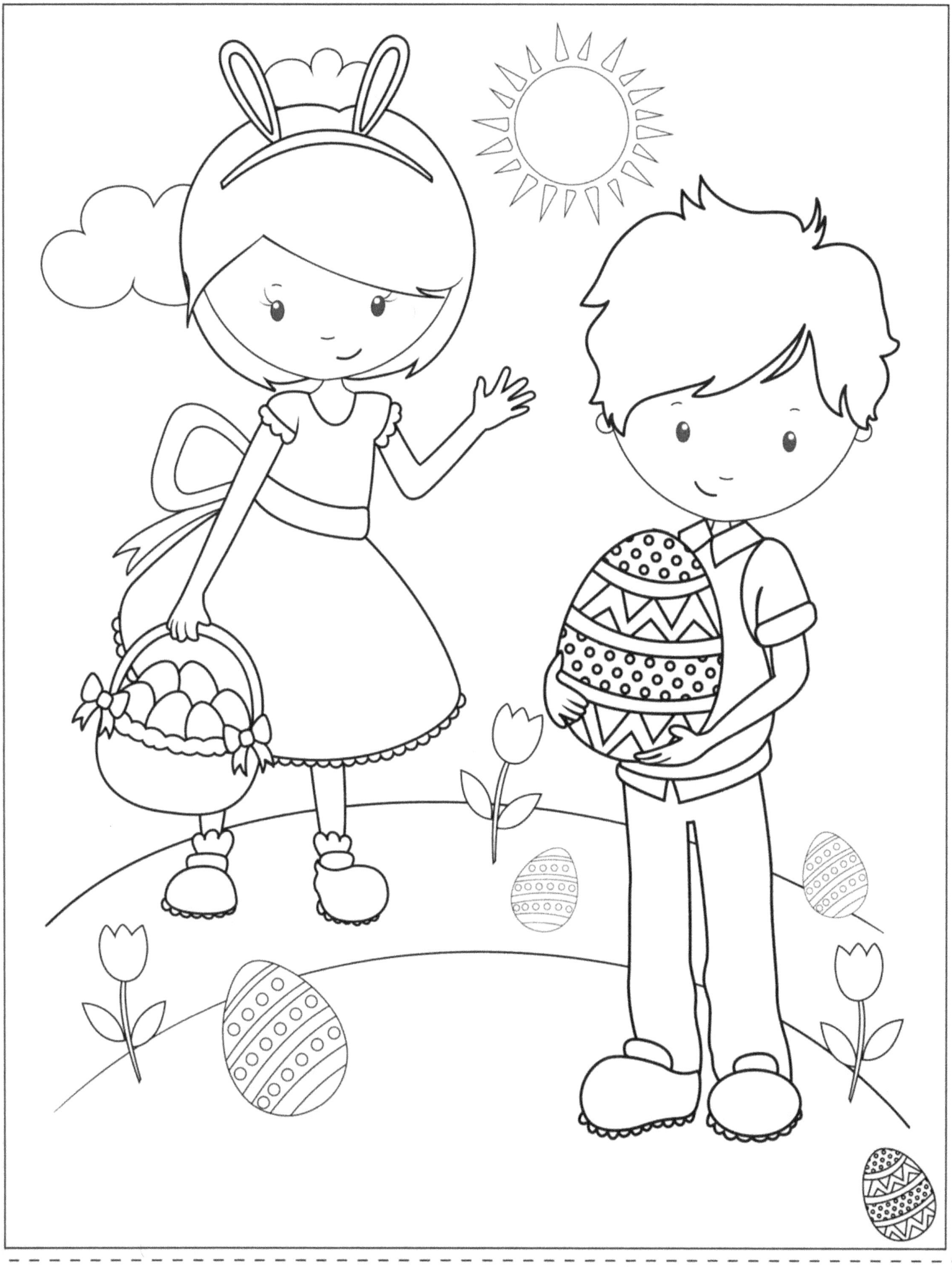

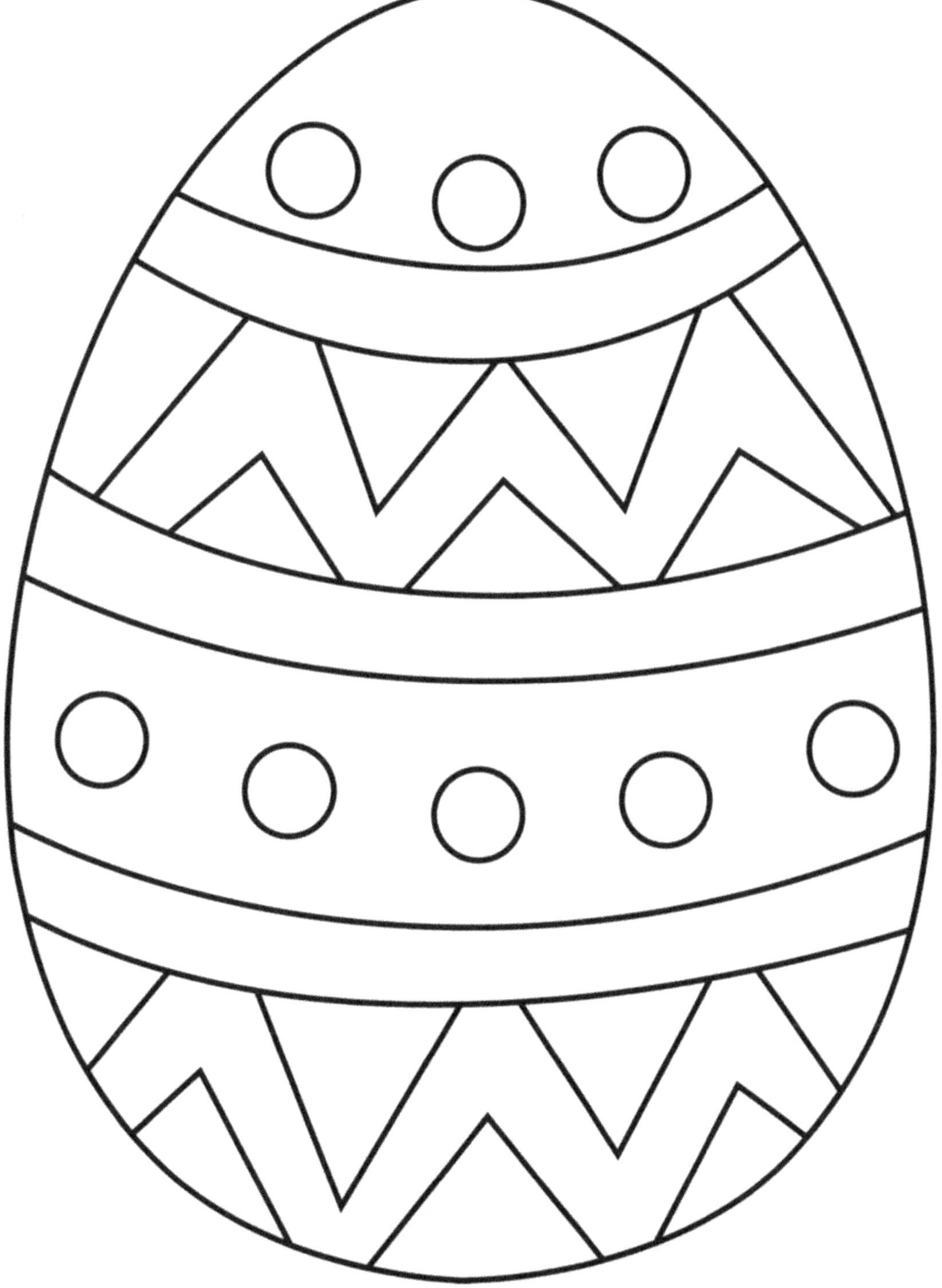

www.ingramcontent.com/pod-product-compliance
Lightning Source LLC
Chambersburg PA
CBHW080624220526
45467CB00011B/3356
* 9 7 9 8 7 2 1 4 1 2 8 3 7 *